WORDS CAN CHANGE YOUR MIND

# 自分を変える言葉

山﨑拓巳［著］　野田宣成［名言選定］

日本実業出版社

# はじめに

僕は、言葉を集めている。

言葉を集めることは、難しくない。
自分で「イイね！」と感じた言葉を心の引き出しにファイルしよう。
世の中は、言葉であふれている！
日常会話、ネット、テレビ、広告、本…。
そのなかから、自分の心にピッタリくるものだけ、大切にすればいい。

なんで言葉を集めているかって？
言葉は、自分を、そして人生を変えてくれるから。

人の思考は言葉でできている。
そして、人生は自分の思考でつくられている。
だから、思考をつくる言葉を変えれば、
思考が変わり、自分が変わり、人生が変わる！

つまり、人生は選べるし、創れるんだ。

だから、僕は言葉を集めている。
理想の自分、理想の人生を目指して、言葉を選び、思考をつくっている。

もっと言うと…、意識して言葉を選ぶと、
思考より深い潜在意識に影響を与えることができる。
潜在意識とは、「無意識」ということ。「素の自分」ということ。

誰でも、意識すれば、カッコつけたり、行儀よくしたりできる。
もし、「どっきり」を仕掛けられたとき……、
僕は思い通りの「僕」でいられるだろうか？
いつでもどこでも、僕は「僕」をまっとうしたい。
「本当の僕はこんなんじゃない！」と言い訳しない人生を歩みたい。
だから、「潜在意識」も味方にしたい！

世には名言と呼ばれる「素晴らしい言葉」がある。
僕は、10年来の友人であり、経営コンサルタントの野田宜成氏（野田ッチ）の、
メールマガジンで配信されている、センスのいい「素晴らしい言葉」に

多くの刺激と影響をもらっている。

名言に出会うと心が躍る！
そんな、心躍る名言を、僕のブログ（http://www.taku-blog.jp）に、
「野田ッチメルマガより…」の断りとともに、感想をのせていた。
すると、「ぜひ、それを本にして欲しい」との反響を多くいただき、
今回の書籍が実現した。

言葉からもらう幸せを、多くの人とシェアしたい！

「なりたい自分になれる！」を、名言と一緒に、肌で感じてほしい。
本書が、１人でも多くの読者様のお役に立てることを願って…。

２０１６年６月
山﨑拓巳

もくじ

# 自分を変える言葉

## 自分を変える言葉

## 自分を変える言葉

## 自分を変える言葉

カバー・本文デザイン　松本えつを
企画協力　野田稔子

あなたの潜在意識は、
終日あなたが考えていることを
忠実に再現します

（ジョセフ・マーフィー／著述家）

現実の出来事を、全部、確実にあなたの潜在意識がつくり出しているなら、
あなたは潜在意識にどんな影響を与えたい？
思考が現実化するのではなく、思考を支える思考が現実化する。
思考を支える思考、これが潜在意識。
すでに描かれた青写真が心のなかに潜んでいる。その潜在意識に影響を与えよう。
❶過去の記憶を思い出すのを忘れるぐらい、未来を描こう！
❷憧れる人たちの群れに入ろう！
❸夢が叶った自分になって時間を過ごそう！
　脳が大いなるカンチガイを起こすように
❹自分を、元気に、やる気に、強く、優しく、しなやかにする言葉を集めよう！
あなたは普段、どんなことをよく考えていますか？
心配事を案ずる人に心配事が具現することが多いのはなぜ？
要は意識していることが起きるのです。
自分に何を意識させるといいのか？　何を具現したいのか？
自分に新たな問いを与えましょう。
制限がないならどんな人生がいい？　本当はどう在りたい？
失敗しないとわかっていたら何をやる？　絶対成功するなら何をやる？

# 私たちの人生は、
# 私たちが費やした努力だけの
# 価値がある

（フランソワ・モーリアック／作家）

「あの日のガッカリは、今日のラッキー」
この法則に気づいて流れが変わった。

ガッカリする。
期待していた結果に結びつかない。
しかし、数ヶ月後、めちゃくちゃラッキーなことが舞い込んでくる。
よくよく考えてみると、あの日のガッカリが姿を変えてやってきたのだ。

ガッカリしたら覚えておこう。
必ずそれは姿を変えてもどってくるんだ。
ガッカリは必ず回収できる。

一瞬、ムダ骨だったと思うことも必ず価値ある未来とつながっている。
人生は、捨てるところなく、全部食べられるんだ。

# 運命がレモンをくれたら、それでレモネードを作る努力をしよう

（デール・カーネギー／作家・教師・対人スキルの開発者）

与えられたものを生かす。
与えられた場所を生かす。
与えられた条件を生かす。

すべての幸福のはじまりも、すべての成功のはじまりも、すべて生かす。
それらすべての資源となるものは、すでに、自分の身の回りにあるのだ。

# 何事も達成するまでは、不可能に見えるものである

（ネルソン・マンデラ／南アフリカ共和国第8代大統領）

不可能だから立ち向かわない。可能性があるから立ち向かう。

不可能に立ち向かった人たちがいた。
「どう判断しても不可能だ」とあきらめて、
大きなものに巻かれたり、時代に迎合したりしてしまう人がほとんどなのに。
時代を振り返ると、
不可能に見えるものに立ち向かい、時代を変えた人たちがいる。
そして、その人たちが夢見た未来に、今、僕たちは生きている。

…ということは、不可能に見えるものも可能になり、
達成することができるということだ。
あなたが不可能だと感じる事実は何か？
そして、それが可能になるとどんな未来が待っているのか？
そのためにあなたは何ができるのか？
そのことであなたは何を大切にできるのか？
可能に見えることのみで構成される未来は現状維持でしかない。
新たなる理想的な未来を描いてみたいと思う。

誰かを信頼できるかを試すのに
一番いい方法は、
彼らを信頼してみることだ

（アーネスト・ヘミングウェイ／小説家・詩人）

「信頼してみよう。すると、信頼できる人かどうかが判明するよ」と僕は解釈する。
往々にして、信頼された者は信頼に値するように振る舞うものではないか？
そして、疑われた者は疑われたように振る舞うものではないか？
あなたが、信頼すべき人は誰か？
まず、３名書き出してみよう。

よい人に交わっていると、
気づかないうちに
よい運に恵まれる

（安岡正篤／陽明学者・思想家）

あなたは誰と数多く会っているのか、
会っている回数の多い10名を紙に書いてみよう。
人は「自分がよく会っている10人の平均的な人生を送る」と言われている。
紙に書いた10名の平均的な人生があなたの目の前に広がっている。

もしも、その未来が好ましいものなら何の問題もない。
しかし、もし、その未来がイヤなら…
自分が進みたい人生の方向に導いてくれる人と数多く会うことで、
人生は自然にそっちへ進んでいく。
制限がないならどんな人生がいいのか？
本当はどう在りたいのか？
誰に会うべきなのか？

いい人に会おう、人生は動きはじめる。
いい人に会おう。

そして、あなたが誰かのいい人になろう。

物事には、本来善悪はない
ただ、われわれの考え方如何で
善と悪が分かれる

（ウィリアム・シェイクスピア／劇作家・詩人）

物事は2つのことで構成されている。「事実」と「与えた意味」だ。

事故をしてしまった、ツイてない。

「事実」は、「事故をした」ということ。「与えた意味」は、「ツイてない」ということ。

変えることができるのは、「事実」ではなく、「与えた意味」だ。

「事故はなかった」とすると、それは隠蔽だ。「事実」は変えることができない。

「ツイてない」という「与えた意味」を変えてみよう。

「ケガはなかった」と変えることができる。「事故をしたけど、ケガはなかった」と。

20代、ゴリゴリと頑張った。「ゴリゴリ」と感じたのは、変えることができない
事実を受け入れることができず、のたうちまわっていたからだ。
ガンとした強さより、ワカメのようなしなやかな強さを手に入れたい。
流れる海流に立ち向かうのではなく、ユラユラと受け止めては流し、手放す強さ。

さあ、練習だ。目の前の出来事を「事実」と「与えた意味」に分ける。

それをどう受け入れ、どう意味を与えるのか練習しよう。

不機嫌というものは、
結果でもあるが、
それに劣らず原因でもある

（アラン／哲学者・評論家）

「不機嫌は犯罪だ」と言った人がいる。
思うようにいかないと人は不機嫌になる。
そもそも、心のポジションが不機嫌な人もいる。

不機嫌は次の不機嫌を連れてくる。
イライラは次のイライラを連れてくる。
不幸のしりとりゲームがはじまる。

また、不機嫌は伝染病だ。
周りの機嫌まで損ね、周りの運気まで下げる。
不条理なゾンビゲームがはじまる。

自分の機嫌は自分でとろう。
自分の機嫌の取扱説明書をつくり上げよう。
ハッピーな心の状態が、ハッピーな風景を映し出す。

死を考えるのは
死ぬためじゃない、
生きるためなんだ

（アンドレ・マルロー／作家・冒険家・政治家）

「昨日やり残したこと」

「今日のためにやっておきたいこと」

「明日のためにやっておけたらいいこと」

これらが荷物だとすると、1日というカバンからあふれている。

ほとんどの人の人生はこの3つで終わる。

人生の終わりから今のあなたを見たら、同じ時間の使い方をするだろうか？

「どう生きたい」を思うのは、死を意識したときだ。

「本当はどう生きたい？」

その荷物をカバンに詰め込むには何が必要だろうか？

一度、カバンを空っぽにし、吟味しながら詰め込み直そう。

本当に必要か？

代用はできないか？

後悔はしないか？


死を思うとき、僕たちは生きることを知る。

チャンスが
訪れる日に備えなさい
幸運とは、
準備とチャンスの出会いなのです
（ロイ・D・チャピンJr／米国の元商務長官）

人生とは素晴らしいものだ。
雨の日もあれば、晴れの日もある。
決して雨が降り続けることはない。

「絶好調」「普通」「絶不調」と呼ばれるときがある。
「絶好調」と「絶不調」は、長く続かない。
おごることなく、腐ることなく過ごしたいものだ。

実は、「普通」の時間が一番長い。
この普通の時間の過ごし方が、チャンス到来のときに効いてくる。
コツコツと足し算をし続けていると、チャンス到来でかけ算に変わる。
その瞬間、やってきたチャンスがあなたを高次元へワープさせてくれる！

意欲のある者のほうが、
能力のある者よりも
多くをなす

（ガブリエル・ムーリエ／警句家）

意欲は才能だ！

どんなに能力があっても、意欲がなくて動かなかったら何も変わらない。

能力のある人と自分を比べるな。

能力のある人が歩いている間に、あなたは走れ！

そうして動き続けた人だけに、チャンスが訪れる。

そして、「能力」に嫉妬する人はいても…

「意欲」に嫉妬する人はいない。

幸福は
香水のごときものである
人に振りかけると
自分にも必ずかかる

（ラルフ・ワルド・エマーソン／思想家・哲学者・作家）

脳は主語を認識しない。

「キレイですね」と人に投げかければ、「私はキレイなんだ」と脳は認識する。
「いつも輝いていますね」と友に投げかければ、「私は輝いている」と脳は認識する。
「ツイていますね」と仲間に投げかければ、「私はツイている」と脳は認識する。

逆もまた真なり。
「君はダメだね」と部下を叱れば、「私はダメだ」と脳は認識する。

「悪口は天に向かって吐いたツバだ」と言った人がいる。
自分の顔めがけて、悪口が落ちてくる。
「受け取りたいものを与える」、単純明快なこの世の法則だ。

仕事が楽しみならば
人生は極楽だ
苦しみならばそれは地獄だ

（マクシム・ゴーリキー／作家）

「お前は仕事が好きだな〜」と言われ…、「はい！　大好きです！」と答えた。
「仕事が一番の暇つぶしだ」と言われた。
これを教えてくれたのは、会社を50社も経営している社長さんだった。
「ギャンブルでも異性でも時間はつぶせるが、仕事が一番だ」という教えだった。
当時、「暇つぶし」という言葉に驚愕したが、今はなんとなくわかる。
1日をみてみると「仕事」で占める時間が最も多い。
その時間がかけがえのない楽しいものだったら人生は素晴らしいものになる。
その時間が苦しいならば人生は辛いものになる。

「極楽」と「地獄」…仕事はあなたにとってどっちだろう？
自分が心底打ち込める仕事を見つけることも大切だ。
そして、やるべきことを大好きになるのも大切だ。
「苦手」と思い、食わず嫌いになっていることに大好きが潜んでいたりもする。
人生という時間をどんなもので埋めていくのか？
ワクワクで埋まればワクワクの人生だ！

天才になるには
天才のふりをすればいい

（サルバドール・ダリ／画家）

天才になるには「天才のフリ」をすればいい。
なんと素晴らしい魔法の言葉なんだ。

幸せになるには「幸せなフリ」を…。
自由になるには「自由なフリ」を…。
上手になるには「上手なフリ」を…。

「フリ」とは行動の様子や、気心の高さの真似だ。
どんな話し方をし、どんな歩き方をし、どんな気持ちで人と会うのか？

今のあなたを客観視し、
あなたの「フリ」が他者にどう映っているか意識してみよう。
あなたの今の「フリ」の延長線上には、どんな未来が待っているのだろうか。

# いい人と歩けば祭り
# 悪い人と歩けば修行

（小林ハル）

人生は、誰と歩いても「イイこと」がある、と考えてみよう。

いい人と歩けば「楽しい時間」が持てる。
悪い人と歩けば「学ぶ時間」が持てる。

悪い人、嫌いな人と一緒にいると、ちょくちょく「イヤなこと」が起こる。
でも、時間がたてば、その悪いことが「自分を成長させてくれた」と、気づくはず。

「イヤなこと」＝「学びのとき」＝「成長」＝「イイこと」
すべては、栄光に向かっているんだ。

われわれは、
自分に関心を寄せてくれる人々に
関心を寄せる

（パブリアス・シラス／古代ローマの詩人）

マザー・テレサは、「愛の反対は無関心である」と言った。
僕はこの言葉に衝撃を受けた。
「愛」の反対が「無関心」ならば…、「無関心」の反対が「愛」だ。
「無関心」の反対…、「無関心」の反対は「関心を持つ」である。
「愛」とは「相手に関心を持つこと」なんだ。

愛は今すぐ具現できる！

「出身はどちらですか」、「お名前は何ですか」
「漢字で書くと、どう書くんですか」、「それはどういう意味があるんですか」
「誰がおつけになったお名前ですか」、「どんなお仕事をされているんですか」

こうやって、その人に興味を持つことで、愛は具現化される。
自分に関心を寄せる人に、人は関心を寄せるのである。

人の言葉は善意にとれ
その方が5倍も賢い

（ウィリアム・シェイクスピア／劇作家・詩人）

嫌なことをされた。腹が立って、腹が立って仕方ない。
復讐だ。こうなったら復讐をするしかない。
復讐には「悪い復讐」と「いい復讐」の2種類がある。

「悪い復讐」は、自分がされたように、
相手にも同じような嫌な気持ちを体験させること。
また、それ以上に「これでもか！」と倍返し。
すると、「されたお返し！」と、仕返し合戦がはじまってしまう。

「いい復讐」は、言われた嫌味からも、辛い仕打ちからも学び、成長をすること。
そして、相手に「感謝」すること。
すべての言葉を善にとると、自分の心をダウンさせる敵が、いなくなる。
最後は、「いい復讐」の決めゼリフで、トドメを刺すんだ。
「いいアドバイスをありがとうございます。たくさんの学びをいただきました。
お陰でうまくいっています」

幸せかどうかは、
自分次第である

（アリストテレス／古代ギリシアの哲学者）

幸せとはどんなものか？
人は「幸せ」という概念を体験することはできない。

しかし、「幸せ」というものを定義付けしたときに、
その「定義」を体験することができる。
定義は人によって、さまざまだ。
あなたが定義する幸せとはどんなものか？
幸せとは…、
「いろいろな出来事が学びにつながり、自分を成長させてくれること」。
そう定義すると体験することができる。

幸せとは…、
笑顔に囲まれること。
「ありがとう」と言われること。
感動で涙が出ること。
定義付けすると、どうしたらそれを得ることができるかがわかる。

運をつかむには、
自分のやりたいことを
ずっと継続して、やめないことだ

（やなせたかし／漫画家・「アンパンマン」の作者）

あなたが大好きでやめられないことは何ですか。
何をやっているときが楽しいですか。
気づいたら2時間たっているとき、何をしていますか。
お金を払ってでもやりたいことは何ですか。
お金がもらえなくてもやりたいことは何ですか。

何が思い浮かびましたか。
…それ、やめたらダメだよ。

コミュニケーションで
最も大事なことは、
言葉にされないことに
耳を傾けることだ

（ピーター・ドラッカー／経営学者）

人間はダブルコミュニケーションをとっている。
表面的なものと、表面に表さないもの。

だから、会話やメールなどでは語らない何かがある。
その「何か」とは、腹の内の情報交換だ。

言葉にされていない言葉に耳を傾ける。
隠されたメッセージを「傾聴」すること。
相手がなぜそれを話しているのか、行間を読むことが大切だ。
しゃべっていることに対する行間を読むだけではなく、
その人の人となりが何で構成されて、何に重きをおいているのか、
何でつくられているのかを知ろうとしよう。

コミュニケーションの本質と面白さはそこにある。

人の価値とは、
その人が得たものではなく、
その人が与えたもので
測られる

（アルベルト・アインシュタイン／理論物理学者）

ノーベル経済学賞を受賞した米プリンストン大学の心理学者、ダニエル・カーネマン教授の研究によると、人間の収入と幸福度は、年収7万5000ドル（約900万円）から横ばいになるという。

つまり、年収900万円の人と、年収1億円の人の幸福度は同じということになる。

ある占い師が僕の前世について、

「あなたはスリランカでたくさんの鳥を殺した」と言った。

それからしばらくして、僕のところに
「スリランカに10人の女の子を養う孤児院をつくりたいから協力してほしい」というボランティアの話がきた。

僕は、即答でOKした。

その女の子10人は、僕が前世で殺した鳥の化身かもしれないと思ったからだ。


その孤児院を思い出すと、いつも「イイことした！」と幸せな気持ちになる。

分厚い幸せ感は、誰かの役に立つことで生まれるのかもしれない。

人の価値や幸せは、地位や名誉、お金で満たされるのではなく、与えたもので満たされると体感した出来事だった。

生きることは
呼吸することではない
行動することだ

（ジャン＝ジャック・ルソー／思想家・小説家）

こんな言葉がある。

「人は、『何を思ったか』で自分を評価し、『何をしたか』で他人を評価する」

生きるとは…、
ただ、ただ生命を維持することではない。
「動きなさい！」とルソーは鼓舞する。

「僕だって、こう考えている」

「僕だって、こういうふうに思っているんだ」

だけではダメだ。


行動に移してはじめて、あなたはあなたを生かすことができる。

あなたがあなたを生かして、はじめて生きることになる。

# 最も重要なことからはじめよ

（ピーター・ドラッカー／経営学者）

最も重要なことからはじめよ、と彼は言う。

そのためには何が最も重要なのかを知る必要がある。

わからなければはじめられない。それを知ることが絶対条件だ。

最も重要だと思うことを、1つに絞れないときは、
紙とペンを使って、優先順位をつけてみよう。
書き出すことで頭を整理することができる。
他人が読んでもわかるくらい、わかりやすい文章にしてみることがポイントだ。
自分のなかの曖昧さを払拭できる。

優先順位のつけ方で迷ったときは、「ゴールはどこか?」と心に問いかけよう。

「私はどうなりたいのか」

「なぜそうなりたいのか」

「そうなることで何を手に入れられるのか」…

それらの問いが、優先すべきことを明らかにしてくれる。


重要なことからはじめよう。人生は迷っているほど長くない。

# 未来は今日はじまる
# 明日はじまるのではない

（ヨハネ・パウロ2世／第264代ローマ教皇）

はじめることが上手な人は、やめることが上手な人だ。
「そんなことをはじめて、続けられるのかしら?」と考える人は
はじめられないことが多い。

やってみて続かないようならやめよう。
そして、やめられないことをたくさん増やしていこう。

物事をはじめるコツは、わざわざ時間をつくらないこと。
気持ちが整うのを待たないこと。
条件がそろうのを待たないこと。
「最後までやり遂げる」と決めないこと。

さあ、今、はじめよう!
はじめてみて「続けられないな」と思ったことは、すぐにやめればいいのだから。

人付き合いがうまいというのは、
人を許せるということだ

（ロバート・フロスト／詩人）

「皆の『共通の思い』とは何か？」と聞かれたことがある。
その答えは、「幸せになりたい」かと思いきや…、「私は正しい」、のだという。

誰もが「私は正しい」と思っている。

それはないでしょ、と思うような人も、
「あの場面ではあれしか選択しようがなかった」と思っている。
「私は正しい」と思っているのだ。
「あなたは正しい」「あなたは間違っている」と判断するのは簡単だ。
しかし、誰もが「私は正しい」と思っている…。

人付き合いの極意は…、まず、それを知ることのようだ。
その人の違和感が伴う正しさをまずは受けとめてみよう。
その人の言う不条理な正しさを一度受け入れてみよう。
みんなの今日1日の最大の願いは「他者から認められる」ことなんだ。

考える術を教えるべきで、
考えたことを教えるべきではない

（コルネリウス・グルリット／作曲家）

答えを教え続けると、その人は「指示待ち病」になってしまう。
自分で考えることができない人を育ててしまうと、
組織の成長、拡大ができず、そこに依存関係を生んでしまう。

学ぶ立場の者は、答えだけではなく、
答えに至るまでのプロセスを知ろうと意識しよう。
魚を欲するのではなく、魚を手に入れる方法を欲しよう。
思考のプロセスを学べば、依存関係ではなく、
独立した素晴らしい関係を築くことができる。

そうして、自己管理ができるようになると、他者から管理されなくなる。
自由とは、何かからの逃避ではなく、
自己管理の末にある他者からの解放なのだ。

# 強力な理由は、
# 力強い行動を生む

（ウィリアム・シェイクスピア／劇作家・詩人）

何かをするとき、僕はいつも「気持ち8割、やり方2割」だと思っている。
やり方によって成功するのではなく、
「そうなりたい」という想いによって成功していく。

「そうなりたい」と強く思うには「理由」が必要だ。

「強力な理由」があれば「そうなりたい」と強く思うことができる。
「数多い理由」があれば「そうならないなんて考えられない」と思うことができる。
「強力な理由」が見つからないなら、まず「数多い理由」を手に入れよう。

なぜ、あなたはそれを達成したいのか？
紙を用意し、理由を書き出してみよう。

# 努力している限り、人は迷うものである

（ゲーテ／詩人・小説家・劇作家）

努力するものは迷う。迷わなくなったら、それは努力が終わったときだ。
Aなのか？　それとも…、Bなのか？
両方に可能性を感じるから迷う。
より魅力的なことに時間を投じたいから迷う。
助言者の意見が割れるから迷う。正義と利益の間で迷う。
機会を疑ったり、自分を疑ったり、関係者を疑ったりして迷う。
目先の利益と長いスパンの利益の間で迷う。
難易度は高い方がいいのか？　それとも…、ほどほどがいいのかで迷う。

僕が悩んでいるときに…、
「悩むのは迷っているからだ。Aなのか、Bなのか…、どっちかに決め、やってみる。
成功したらそれはそれでよし。ダメだったらその経験から学びなさい」と、
ある億万長者からアドバイスをもらったことがある。
迷いが醸し出す不快感、違和感、嫌悪感…、それらを嫌うと努力を遠ざけてしまう。
迷いと友達になろう。

人生とは
自分を見つけることではない
人生とは
自分を創ることである

（ジョージ・バーナード・ショー／劇作家・小説家）

探さなくてもあなたは今そこにいる、過去の産物として。
これまで生きてきた過程が、今のあなたを創っている。

どんな人生がいいのか？
どんな自分で在りたいのか？

自分が自分に影響を与え、変化させ、成長させていく。
自分を探す必要はない。
憧れの未来の自分に会いに行こう。

あなたを創るのは、あなたしかいない。
あなたがあなた自身の作品として、あなたとあなたの人生を創っていく。

# 賢者は聞き、愚者は語る

（ソロモン／イスラエル王国第3代の王）

話を聞くには「心の体力」が必要。
話を楽しむには「遊び心」が大切だ。

話をするのは「気持ちいい」ものだ。
ついつい自分の語りに酔いしれる。

賢い者は他者の話を聞く。
愚かな者は他者に話をする。
…そんな意味だ。
「イテテ」と思う。

どうしたらいいんだろう？
話をする、話を聞く…。
自分から離れて、客観視する第三者の目が必要だ。

自分一人で
石を持ち上げる気がなかったら、
二人でも
持ち上がらない

（ゲーテ／詩人・小説家・劇作家）

協力者はあなたの「能力」に加担するのではない。
協力者はあなたの「姿勢」に魅了されるのだ。
朝、ひとりでグランドを走るキャプテンの姿に心打たれる。
部長自ら腕まくりし、準備している姿を見て、みんなが動きはじめる。
すべては心の姿勢だ。

人を動かすスピーチ…
上手な話し手は動詞の使い方がうまいという。
「決断だ！」と名詞を振りかざすと…
「決断」って心を決めることだよねと一度頭の中で分解作業が必要だ。
「決断するんだ」という他動詞よりも
「決断したんだよね」という自動詞の方がいいらしい。

脳は主語判断ができない。
「決断しました」とリーダーの声が、自分のものか、誰のものかの見境がない。
自分の心の言葉として脳で響き渡る。
「そうだ京都、行こう。」は、人を動かす素晴らしいキャッチコピーだと気づく。

高度な目標に
何度も失敗するより、
適度な目標を
何度も達成しよう

（斎藤茂太／精神科医・随筆家）

高跳びをやろう！！！　高い目標がいい！！！
だから10ｍのところにバーを…。
それで最高パフォーマンスを引き出せるのか？
じゃ、５ｃｍだったら…。
それまた最高パフォーマンスは引き出せない。

ワクワク、ヒヤヒヤ…、
ドキドキ、ワナワナ…、
と、たまらない目標を立てることができる人は幸せの達人だ。
目標は「達成能力」よりも「設定能力」が大切だと言われる。

どうしても叶えたい、ワクワクが止められない。
何が何でも！！！
…と思う、そんな目標を設定できる能力。
「適度な目標」はココロが知っている。

例えれば、
鍛冶屋が腕を振って
腕が太くなるように、
元気を出し続けると
元気は増してくる

（三宅雪嶺／哲学者・評論家）

燃えなくていいから元気であれ。頑張らなくていいからマメであれ。
「燃える」「頑張る」は興奮状態だから、なかなか長続きしない。
しかし、「元気」であり、「マメ」であることはどうだろうか？
「元気」も「マメ」も…「志」と「心がけ」次第で手に入れることができる。
「心の状態」で生きるのではなく、「心の姿勢」で生きたいものだ。
鍛冶屋の腕が太いのは、腕を振ることをやめずに続けたからだ。
こうして「常」をつくることが、大きな結果を生み出すポイントだ。
ピークだけにこだわらない。続けることで大きな化学変化が起きるのだ。
「元気である」ことは、平常心のテンションが高いこと。
テンションの高い平常心である。
決して燃えているわけでもなく、興奮しているわけでもない。
ピークを高めるのではなくて、平常心を高めよう。

「頑張る」は息が止まっている。
大きな力を手に入れることはできるが、続けることが難しい。
「マメ」には呼吸を感じることができる。
今すぐマメになり、のびやかに続けていこう。

# 根性でお金を稼げ
# 品性でお金を使え

（斎藤茂太／精神科医・随筆家）

最新のメンタルマネージメントは、
「プラス思考」でもなく「ポジティブシンキング」でもなく
「根性だ」と聞いたことがある。

でも、
根性！　根性！　ど根性！
プラスに考えて！　プラスに考えて！　プラスに考えて！

と、3回思ったら、もはやネガティブだ（笑）。

さあ、根性で稼ごう。さあ、根性で乗り越えよう。
しかし、稼いだお金は品よく使おう。

味わいがあり、奥行きがあるお金の使い方。それは、自分で学ぶしかない。
「学ぶ」の原語は「真似ぶ」。真似ることで学ぶことができるんだ。
あなたは、誰の根性を「真似ぶ」？
誰の品性を「真似ぶ」？

# 戦略とは、何をやらないか決めることである

（マイケル・ポーター／経営学者）

何かをやろうと決めたなら、何をやらないかを決めよう。

たとえば…、

「2店舗目を出す。しかし、5000万円以上の借金は絶対しない」

「今月死ぬ気で働く。しかし、徹夜はしない」

というように。


今、あなたが「やるぞ!」と決めていることを書き出そう。

そして、それらに「何をやらないか」を足してみよう。

よりシャープにそれらが陰影を現す、それを体験してほしい。

# 困れ
# 困らなきゃ何もできない

（本田宗一郎／実業家・本田技研工業の創業者）

「問題」は、自分のなかからチカラを引き出してくれる素敵なものなんだ、と、思いたい。

空気をただ押してもチカラが出ない。
壁があるから自分のなかからチカラを取り出すことができるんだ。
レースをやらなくなったら研究が進まなくなった、という事実があるらしい。
技術は無理難題を克服することで進化する。
そのとき、悪戯に時間をかけ、経費をかけても進歩は生まれない。
そこに情熱という魔法が作用したとき、目の前の扉が開くらしい。
問題は問題ではなく、問題が引き起こす感情なんだ。
その苦々しい好まれない感情の正体を知ろう。
あるときはイラつき、あるときは怖く、ある時はどんよりとし…
あるときは白い世界に入り、あるときは嫌悪感を覚える。
その感情の正体はなんだ?
その正体があなたの人生を創ってきた「おおもと」ならば、
このチャレンジは意味がある。
問題を解決するだけではなく、「おおもと」が動くんだ。

最大のリスクは、
リスクのない人生を送る
リスクである

（スティーブン・R・コヴィー／作家・経営コンサルタント）

うまくいったときの爽快感はたまらない。
そして、ダメだったときの気分は最悪だ。
人は痛点から逃げようとする。
「これはリスク回避です」と饒舌《じょうぜつ》に語って、失敗を避け、
より快適度の高い方向へ逃げようとするものだ。
「できること」をやり続けるだけでは現状維持にしかならない。
「やらない」を選択したら、失敗はないけど、進展もない。
リスクとは「今より下がる」ことを指し示すが、
やったら新しい境地を手に入れられたかもしれない…。

「可能性を失う」こともリスクである。
リスクを避ける人生こそが、リスクを背負う人生なのだ。
この言葉は勇気をくれる。
「チャレンジせよっ!」と鼓舞してくれる。
難しさを避け、できることばかりを選択する心に喝を入れてくれる。

# いつかできることは、すべて今日もできる

（ミシェル・ド・モンテーニュ／哲学者）

明日に先延ばしにする癖は、今も昔も、日本でも海外でも存在している。
それをちゃんと今日やる！
「今、やる！　すぐ、やる！」とするならば…、どんな未来がやってくるのか？
あなたがトライする「今日できること」は何ですか。

❶今日できることを10個書き上げてみよう
❷そのなかで2個選んでみよう
❸とりあえず、そのうちの1個やってみよう

あなたの夢について考えてみよう。
それに向かうために、今日何をしたのか。
何もしなかったら夢に近づかない。
やりたくないことをやるのではない。
夢に近づくために、今日やろう。

夢とは、
明日の質問に対する
今日の答えである

（エドガー・ケイシー／予言者）

僕たちは夜な夜なカンニングをしている。

フロイトによれば、夢に出てくるものは、記憶からつくられていて、その選択は意思的ではなく、無意識的に行われている。
混沌としたものに思える夢の内容でも、無意識に裏づけされた整合性が備わって、さまざまな出来事を1つの物語として連結させているのである。

今夜、夢のなかで、明日出題される質問の答えを知ろうとしているんだ。
夢は、無意識とつながっている。
眠ることが、最も簡単な潜在意識とのアクセス方法なんだ。

「できること」が増えるより、
「楽しめること」が増えるのが、
いい人生

（斎藤茂太／精神科医・随筆家）

生きる視点が〝今から死に〟向かっていると、
「できること」を増やしたくなる。
しかし、生きる視点が〝死から今に〟向かっていると、
「楽しいこと」を増やしたくなる。
人生最後の日、今までの人生を振り返ったとき、
いったいどんな思いを感じるだろう？

頑張ってきた思い出も素晴らしいものだ。
小さな勘違いがあるならば、修正しながら生きていきたいものだ。
「楽しめる」そんな時間を増やしたい。
では、あなたはどんなとき「楽しい！」と感じることができるのだろう。
何をして「楽しい」と感じるのだろう。
美味しいものを食べ、仲間と笑い、家族と温かい何かを共有し…、
恋をして、仕事にチャレンジをし、本を読み、映画を見る。

「ねばならぬ」よりも「どう在りたい」を優先する勇気が必要なようだ。
「誰かの評価」よりも「自分の評価」を優先するセンスが大切だ。

# じっくり考える時間は、時間の節約になる

（プブリウス・シルス／古代ローマの喜劇作家）

人間は、1日に数万回、自問自答し、質問の答えに支配されながら、生きている。
質問に支配されてはいけない。
あなたがその質問を支配すれば、人生はもっと素晴らしいものになる。

時間に関してはこうだ…、「時間をつくるための時間をつくろう!!!」
そのための効果的な質問は、次の3つ。

ステップ1　やるべきことは何か?
ステップ2　それを行動に移すことであなたが手に入れる「ステキ」は何か?
ステップ3　やるべきことをいつやるか?　スケジュール帳に書き入れよう!

やるべきことをやる。
素晴らしい人生にするためのアイディアを導こう。
最小の努力で永続性の高い最大の結果を出そう。
時間は、時間をつくるための時間を持つことで、倍増できる。

人生あまり難しく
考えなさんな
暗かったら、窓を開けろ、
光がさしてくる

（中村天風／思想家・実業家）

物事は、真剣すぎたり、ふざけすぎたりしていたらうまくいかない。

真剣とふざけるの真ん中、「中庸」が大切だ。

真剣になりすぎると、深刻になってしまう。ふざけすぎると、崩壊してしまう。

「シャレでやる」とうまくいく。

「シャレ」のシャレはお洒落の「シャレ」で、「スタイリッシュにやろう！」ということ。

「シャレ」のシャレは駄洒落の「シャレ」で、「楽しくやろう！」ということ。

物事、うまくいかないときもある。
そんなときは、この混沌とした時間が未来のどこにつながっているのか
「検証してやる！」と心に誓う。
案外、悩んでいた後に、「悲劇のど真ん中！」ってことにはならず、
悩んでいたのがバカバカしい。いや、「感謝したい！」、
と思うような明るい未来につながっていたりする。

大きな問題や、悩みにぶつかったときは、
人生をラボ（研究所）だと思って、事の行く先を「検証」してみよう。

人は、
自分が与えた意味づけを
通してのみ
現実を体験する

（アルフレッド・アドラー／精神科医・心理学者）

僕たちは認識の世界に住んでいる。
目で見たつもりでいるが、見たものを脳が編集加工し、創り上げている。
聞いた音も、触った感覚も、匂いも、味も…。
不幸な人は不幸に敏感だ。そして…、幸福に鈍感。
幸福な人は幸福に敏感だ。そして…、不幸に鈍感。

あなたは何に敏感ですか？
妊婦になると妊婦が街中を歩きはじめる。好きな車をあちこちで見かける。
引越しを考えると、そこらじゅうで不動産屋さんを発見する。

今感じる「正しい」「正しくない」、「できる」「できない」、「面白い」「面白くない」…。
そこから一歩離れ、
自分が何を編集加工し、どんな世界を創り上げているのか見てみよう。
あなたの創ったテンプレートにはめ込んだ現実を、本当の現実と思っているなら、
そこにはどんな意図が潜んでいるのか、考えてみよう。

# 嫉妬は称賛の一種だ

（ジョン・ゲイ／詩人・劇作家）

すごい奴がいる。「あ〜、羨ましい！」

目立つ奴がいる。「同じことをやっても、違うな〜」


気になる！

気になる！

気になる！

気になる！

気になる！

気になる！

気になる！


ひどい評価をする者もいる。

「何で彼だけ有利なんだよ！」

それって嫉妬!?

いや、賞賛ですね！

# よりマクロにとらえよう
# マクロにとらえて、
# そしてミクロに対処

（船井幸雄／経営コンサルタント）

マクロにとらえるとは、「把握する」こと。現状を知ることで仕事の50％が終わる。
把握することで私たちは「現状」と「目標」の〝ギャップ〟を知ることができる。

さあ、そのギャップをどうしたら埋めることができるのか？
そのための策を書き出してみよう。
これを「ＴｏＤｏ出し」「タスク出し」と呼ぶ。

数多く、ギャップを埋める方法を書き出すことで仕事の75％が終わる。
それができたら、やるべきことの優先順位の上位２割を行動に移す。

「マクロで把握」し、「ミクロで対処」すると、物事は解決する。
ポイントは、「マクロで把握」のときに、やる気は必要ないということ。
現状把握を邪魔するものは、
「うまくいってないってわかっている。でも知りたくない！」という気持ち。
ギャップを埋める方法を書き出す過程で、やる気が出はじめるんだ。

できると決断しなさい
方法などは
後から見つければいいのだ

（エイブラハム・リンカーン／アメリカ合衆国第16代大統領）

思ったら、現れる！！！　ホント!?
思ったらそうなるんだ！　では、思ってみましょう！！！

これは、本当なのです。
ほら、怪談話で盛り上がっているときは…、柳が幽霊に、人影が誰かに見える。

実験です。
「できる！」と思ってみましょう。
周波数に相応しい現実だけが現れる。
「できる」と設定すると、それに相応しいアレコレが「引き寄せ」られる。
本当に「引き寄せ」なのか？

いいえっ！！！
「整う」のです…。もう一度！！！
「トトノウ」のです。

# 感情で表情が変わる人より、表情で感情を変える人が賢者

（斎藤茂太／精神科医・随筆家）

鉛筆を、ストローのようにくわえるときと、横にくわえるとき…。
どちらの方が勉強効率がアップするだろう？

答えは「横にくわえたとき」だそうだ。
鉛筆を横にくわえると、口角が上がり、脳が「楽しい、今！」と認識するらしい。
表情は確実に脳に影響をおよぼす。
だったら表情をコントロールすることで脳を操ることができる。

嬉しいことがあると笑顔になり、笑顔になると嬉しいことが集まってくる。
素敵な人に囲まれると気分がよくなり、
気分のいい表情をすると素敵な人が集まってくる。

表情の先出しジャンケン。
先に出した人が勝ち！

明日に死を迎えるとしても、
今日から幸福になって
遅くないのです

（中村天風／思想家・実業家）

今、今、今…、3つの今はもう過去です。
今、今、今…、今、死んだ。

20歳のとき、「今」の連続が人生だと先輩に言われた。
「今」しかない。「今」が続く……。だったらどんな「今」がいいのか？
「成功したい！」と思って、それに向かう「今」が本当の意味の「成功」だ。
そう言われ、「今」に与えた意味が変わった。

人生は「今」からはじまっている。
なぜ!?
僕たちは「今」にしか滞在することができないから。
だったら、「今」こそ、あなたの「なりたい自分」を表現するステージだ。
いえ、それは「今」しかできないのだ。

人は思い込みにより、
事実を正確にとらえていない
ことがある

（トーマス・ギロビッチ／心理学者）

確固たるものを疑え。

認識とは「ココロの神経衰弱」。

「すでにココロにある概念」との〝照合ゲーム〟かもしれない。

あなたの人生も、我々の人生も…、結局、認識の世界の物語。


ニュートンは果実の落下により重力を発見した。

彼は興奮し、仲間に伝える!!!!

「フルーツは何!?」「あ! リンゴ!!!」

「ほら! リンゴ、落ちるじゃん!!!」「ん??? バナナも落ちるよ!?」

バナナも落ちるけど、そうじゃなくて…。あ、ミカンも(笑)。

「あ! なるほど!」って価値観を分かち合う。

そうだね、全部、引っ張っている(笑)。


認識の世界の違い。

各々が正しいと生きる、別々の人種のスクランブル交差点。

事実はその人のパラダイムで構築され、認識されているんだ。

# なんのために生まれて
# なにをして生きるのか

（やなせたかし／漫画家・「アンパンマン」の作者）

なんと深い問いなのか！


「なんのために生まれましたか？」

「なにをして生きますか？」

今、これを考える時間を持とう。

これこそ自分と向き合う問いであり、魔法の時間だ。

その結果として「自分の軸」を手に入れることができる。

では、一度、本を閉じてみよう。


「なんのために生まれましたか？」

「なにをして生きますか？」


それを書きとめよう。書けましたか？

では、それを眺めてみよう。ただ、眺める。

どんな感情が沸き上がりましたか？

このワークで何を手に入れましたか？

忙しいだけでは十分ではない
問題は何が忙しいかである

（ヘンリー・デイヴィッド・ソロー／作家・思想家・詩人）

大切なことに時間を使おう！

物事は4つに分類できる。
緊急かつ重要なこと／緊急ではないけど重要なこと
緊急だけど重要ではないこと／緊急でも重要でもないこと

多くの人は、「緊急かつ重要なこと」に時間をとられている。

そして、「緊急だけど重要ではないこと」に時間を割いてしまう。

「あ、忘れてた。このままじゃ間に合わない」で動き、時間に追われることに疲弊する。

結果、気を紛らわすために「緊急でも重要でもないこと」がなければやってられない。


問題は「何が忙しいか」ではない。

「何に忙しくなるべきか」をしっかり考えてほしい。


大切なことに時間を割く自分でありたい。

「緊急ではないけど重要なこと」は、放置すると「緊急かつ重要なこと」になる。

ちゃんと優先順位一番に「緊急ではないけど重要なこと」を選べば、

「緊急かつ重要なこと」が存在することはない。

# 教えることは、二度学ぶことである

（ジョセフ・シューベル／随筆家）

教えることを前提に学ぶと、学ぶ力が倍増される。
実際に聞いた話を仲間に話しても、上手に伝わらないことがある。
その人が話した順番と、その人が使った言葉が重要だったりするからだ。
伝えることができてはじめて、学んだことになる。

はじめはノートを見ながら伝える。
5回ほど伝えると、その話に手垢が付き、自分のものになりはじめる。

人に伝えたいことを心に持っている人は輝いている。
「聞いて！　聞いて！　すごい話を聞いたの！」とエネルギーが溢れる。
新しい情報を持っている人の周りには、人が集まる。

急いでもダメだ
大切なのは
間に合うようにはじめることだ

（ジャン・ド・ラ・フォンテーヌ／詩人）

「うまくいかない」と感じることは誰にでもある。
しかし、よく見てみると「うまくいかなかった」のではなく
「間に合わなかった」だけのことだったりする。
やり方がまずかったのでも、手順がダメだったのでもなく、
作業のスピードが遅かったのでもなく、
ただただ〝間に合わなかった〟だけだったりする。
では、「間に合わなかった」原因は何？　それは「間に合うと思っている」こと。
「間に合うと思っていた」が「間に合わなかった」のだ。

達成者は少しせっかちに、前倒しに動いている。
速く行動することよりも、早く行動に移すことが大切だ。
しかし、やればいいとわかっていても、なかなか行動に移せない。
さあ、それをどうすれば気持ちよく行動に移せるのか。有効な方法は、３つ。
❶やりとげた先にある、「イイこと」をリアルに想像する
❷気が乗らなくても、まず、やってみる。ゆっくりでも、１分だけでもいいから
❸「できる人」が集まる環境に、身をおいてみる
さて、あなたは何番がお好み？

革新は、実は、
たわいのない夢を、
大切にすることから生まれる

（井深大／実業家・ソニー創業者）

夢を語ると…、

「そんなこと無理だよ」「それをやって何になる？」「そろそろ地に足をつけなさい」

などと、諭《さと》される。

彼らのことをドリームキラーと呼んだ人がいる。

最近読んだ本に、「夢は人に言わないほうがいい」と書かれていた。

夢を語ると周りから潰されるから、という理由だ。

有言実行ではなく、無言実行だそうだ。

「たわいのない夢を、大切に」は、種を植え、芽を出し、
それを育てるのに似ている気がする。
大木にするためには、幼いときが大切だ。

革新と呼ばれる大仕事は、「まさかそんなことができるとは」

「よく、この状態に持ち込めましたね」

「奇跡だ。奇跡を体験した」と呼ばれるような一大事。

誰もが予想可能なものではない。

たわいもない夢が時代を変える。

# 利益は、企業存続の条件であって目的ではない

（ピーター・ドラッカー／経営学者）

企業の存続も、個人の楽しい人生の存続も、「利益」があってはじめて成り立つ。
利益とは、自分が価値を生み出して、
「誰かが喜んだとき」に対価として与えられるものだ。
世の中は「等価交換」で成り立っている。
人を喜ばせたり、人を快適にしたり、
人が救われたりするような機会やモノをつくり出すことが価値である。
人の役に立ってはじめて、価値が生まれるんだ。

あなたの周りで誰か困っている人はいないか？
あなたの周りの人はどんな機会を望んでいるのか？
あなたの周りの人が感じる不便は何か？

価値を生み出し、利益を得る。
利益が次なる価値を生み出す体力となり、
新たなチャレンジをはじめることができる。
しっかり稼いで、しっかり人の役に立とう！

その人の知性は、
答えではなくて
質問ではかられる

（ヴォルテール／小説家）

「話し上手」な人と会うと時間が矢の如く過ぎるものだ。
次々に飛び出すトピックスに心が躍る。
「聞き上手」な人はさらに上手で、相手の中から話をグイグイ引き出しいく。
そして、その上をいくのが「話させ上手」だ。

相手が話し出し、悦《えつ》に入るところまで連れていく道先案内人になりたいものだ。
上気し、語られる様はエネルギー溢れるショーのようだ。
良質な質問は良質な答えを導く。
極上の質問は極上の答えを導く。

ヴォルテールはそれを知性と呼んでいる。
自分に向けられた質問のクオリティーが人生を創る。
他者に放つ質問は何を創るのだろう。
質問にこだわりを持ってみよう。

なりたかった自分になるのに、
遅すぎるということはない

（ジョージ・エリオット／作家）

「将来、何になりたいの？」と聞かれたら、
幼稚園のときは…、「ウルトラマン！　地球を救うの」と答えていた。
しかし、学校に行きはじめると…、「将来は？」の問いに
「銀行員になります」「保険会社に勤めて…」「手に職を、まずつけたい」
と変化する。

学んだ分だけ、現実的になり、周りもそれを高く評価する。
想像力に制限を加えながら、より小さくまとまっていく。
「なりたい自分になりたい」と思うのはその先の先だ。

世の中や、世間がどんな構図になっているのかを知り、そしてはじめてそう思う。
だから「遅すぎる」ことはないのだ。
「遅いかな」と思うぐらいのときに誰もが気づくのだ。

真似はその形を真似ずして、
その心を真似よ

（渋沢栄一／官僚・実業家）

「どうやって達成されたのですか？」

やり遂げると、みんな「やり方」が気になって仕方がない。

「どうやってやったのか？」

それよりも…、

「どんな思いでやったのか？」が実は大切だ。

# 悪い感情は話さず書こう
# 書いた紙はしまい込もう

（斎藤茂太／精神科医・随筆家）

どうしようもなく、イライラしてしまったとき、
僕は自分宛にその気持ちをメールする。
嫌な気持ち、怒っていることを赤裸々に書いて、自分に送信。
次の日、そのメールを見てみると「あちゃー」って思う。
誰かに吐露しなくてよかったと胸を撫で下ろす。

心は青空のようなものだと、ある高僧に教わった。
感情とはそこを漂う雲のようなものだと。
流れてきてそこに浮かんでいるが、いつしか過ぎ去っていく。
そして新しい雲がやってくる。
あるときは黒雲で空全部が覆われることもある。
しかし、いずれ青い空になるのだ。
黒雲で覆われ、真っ暗になり、雷や雨がすべてを支配しても、
「その空自体は青空だ」と知ることが大切だ。
心はそんな仕組みになっている。
それをただ知ることが大切だと。

# 屋根を直すとしたら、よく晴れた日に限る

（ジョン・F・ケネディ／アメリカ合衆国第35代大統領）

やった方がいいとわかっているが、できない。みんながそうだ。
だから、それをちゃんとできる者が有利な人生を手に入れる。
「緊急で重要なこと」を一番大切にしたいものだ。
優先順位の一番にこれらのことがやってくる。
しかし、「緊急でないが重要なこと」を優先することができるなら……
人生に「緊急で重要なこと」がなくなる。

僕たちは、ついつい「緊急なこと」を優先する。
「あ、忘れてた。あ、忘れてた」と行動する。
「緊急で重要なこと」と「緊急だけど重要じゃないこと」で毎日が暮れていく。
「緊急で重要なこと」は緊張感があり過ぎて心が疲弊する。
なので「重要でもなく緊急でもないこと」がないとやってられない。
ダラダラとテレビを見て夜更かしをしてしまう。
雨が降ってから屋根を直すのではナンセンスだ。
この「緊急ではないが重要なこと」を最優先できる生き方を手に入れよう。

# 専門性を極めつつ異業種と交わる

（ピーター・ドラッカー／経営学者）

学ぶことは素晴らしい。
しかし、学ぶことで既成概念がつくられてしまう。
そして盲点となってしまう。

「アハ現象」という言葉がある。
ひらめいて「あ！　そうか！」と気づくと、一気に世界の見え方が変わる。
気づいてしまったら、もう違う自分になるのだ。
そんなアハ現象を与えてくれるのが異業種の人との出会いだ。
自分の世界を極め、他者の違う視点に触れよう。

専門を極めるには「1万時間の法則」ってものがあるらしい。
あることに1万時間を投下するとプロになるという法則だ。
量が途中から質に転換するようだ。
異業種の人との時間は、そんなプロとの出会いで刺激的だ。
誘われたことには積極的に参加しよう。

# 最善を望み、最悪に備えよ

（西洋のことわざ）

最悪の場合を想像してみる。

「もしも雨が降ったら」

「もしも資金が集まらなかったら」

「もしも…、もしも…」

そのときはこの手がある。それがダメでもあの手が。それでもダメなら奥の手が。


「もしも対策」ができたときに、人は楽観的になれる。

本当のプラス思考とは、マイナス思考からはじまる。

何でもかんでも前向きにとらえて、「やっちゃえ!」はプラス思考ではない。

それは「影が怖いから光しかみない」向こう見ずだ。

最悪の事態を想像し、対処法「もしも対策」をする。


未来像…

想像に限界をつくってはいけない。

想像の限界が才能の限界だから、想像のリミットは常に外そう。

そうして生まれた「もしも対策」が、あなたをノーテンキの領域に導いてくれる。

過去が
現在に影響を与えるように、
未来も
現在に影響を与える

（フリードリヒ・ニーチェ／哲学者）

僕たちは3つの記憶の箱を抱えて生きている。
1つ目は、過去にまつわる記憶。
2つ目は、現在にまつわる記憶。
3つ目は、未来にまつわる記憶。

一番情報量が多い記憶の箱に、僕たちは影響を受ける。
過去記憶が一番多く、常にあなたに影響を与えるなら…、
あなたは過去に、うまくいったことしか選ばなくなる。
そう、あなたの未来は過去だ。
心配事は少ないが、サプライズも少ない、現状維持という呪縛から逃れられない。
また、現在の記憶が一番多いとバタバタする。思い出してほしい。
過去にバタバタしたことによって今の自分がどう変わったのか？

未来記憶の量が一番多いと、ワクワクする。
未来の呪縛を受けると、夢に夢中になれる。
さあ、あなたの「今」に影響を与えているのは「過去」か「現在」か、
それとも「未来」か？

大人になるということは、
曖昧さを受け入れる能力を
もつということである

（フロイト／精神分析学者・精神科医）

大人になるということは、成長することである。
成長とはマイワールドを広げることだ。
マイワールドの大きさは、「何を内包できるか」で決まる。

たとえば、上司に理不尽なことを言われたとき、
「なんてことだ。もういい、協力しない」と思うことは、内包ではなく対極。
「あの人、理不尽だけど、いいところもあるんだよ」と相手を受け入れることが
「内包する」ということ。

マイワールドが相手のワールドを飲み込んでいく。
そして、人は大人になっていく。

考えても仕方がないことは
考えない
考えなくてはならないことは
徹底的に考える

（石塚巖／実業家・ミネベア元社長）

ネイティブアメリカンの言葉に、こういうものがある。

変えられるものを変える勇気と、
変えられないものを受け入れる広い心と、
その違いがわかる知恵をありがとうございます。

僕は、この言葉が大好きだ。

この言葉から、彼らの強さと柔軟さを感じる。僕もそうありたいと思う。

だから、考えて仕方ないことは考えない。方法がないならば悩む必要はない。

方法がないときは、ただ受け入れよう。

だけど、方法があるならば悩まず、ただひたすら、問題を解決することに集中する。


「考えて仕方ないこと」、「方法があって、解決できること」。

この2つの違いを見分ける知恵は、自分で養うしかない。

トライ&エラーを積み重ね、その経験から知恵が生まれる。

仕事をする時は上機嫌でやれ
そうすれば仕事もはかどるし、
身体も疲れない

（アドルフ・ワーグナー／経済学者・財政学者）

何度時計をみても、5分しかたっていないときがある。
その一方で、気づいたときには2時間たっているときがある。

どんなに時計を確認しても、5分しか過ぎていないときは、
不機嫌モードのはずだ。
上機嫌になると、上機嫌すぎて自分が上機嫌であることすらわからなくなる。
上機嫌になるコツは、
自分をどうやって「上機嫌ゾーン」に入れていくかにかかっている。
ゾーンへの入り方のポイントを紹介しよう。

仕事は頑張るのではなく、集中する。頑張るのではなく、マメでいく。
燃えるのではなく、元気でいる。手に入れるのではなく、引き寄せる。
頼るのではなく、お願いする。落ち込むのではなく、甘える。
人のミスを責めるのではなく、悲しむ。サボるのではなく、積極的に休む。
くじけるのではなく、勇気をもって断念する。

こうして自分を「上機嫌ゾーン」に入れていこう。

# 行き詰まりは展開の一歩である

（吉川英治／小説家）

タカラモノは、壁の向こう側にある。

もし、タカラモノが壁の手前にあったら、全員がタカラモノを拾ってしまう。
奇跡がなかなか起こらない理由は、
多くの人があきらめそうな場面で、あきらめるからだ。
しかし、「あきらめてはいけない！　あきらめてはいけない！」と頑張り続けると、
疲弊する。

そんなとき、こう思ってみるのはどうだろう？
「よーし！　あきらめなかったらどうなるか、実験をしてみよう」と考えるのだ。

人生は壮大なラボ（研究所）だ。
実験し、検証し、判断の妙を極めよう。
心になるべく負荷をかけず、チャレンジしていく癖をつけよう。

人生はこれからだ
今日からまたがんばればいい

（早石修／医師・医学者）

頑張って、頑張って…
しかし、ふっと立ち止まってみると1年前と変わらない自分に驚く。
愕然とした心は自分の過去を罵倒し、人を恨もうとする。

おっと、待てっ！　待てっ！
そんなことをしたって前に進むわけじゃない。
やもすると、5年後に心を決めてはじめ出す人だっている。
僕はすでに頑張っているじゃないか！
腐るでない、腐るでない。焦るでない、焦るでない。

ここからがスタートだと思って仕切り直そう。
ここが「スタート地点」と思ってやり直そう。
今出ている結果は神様がくれたアドバンテージだと思って。
人生、仕切り直した数が勝負だ。
仕切り直した数が、あなたを遠くに運んでくれる。

# 本物は続く　続くと本物になる

（東井義雄／教育者・浄土真宗僧侶）

時間経過の中で古くなり、ゴミとなるものもあれば…
時間が経過することでアンティークとなり、価値が増すものもある。
それらの違いは何なのか？

時間という画材が加わり、素晴らしい絵になるものも、
時間という薬が効いて、ボロボロに朽ちていくものもある。
人間もそうだ。
年を重ねることで老いていき、魅力を失う人がいる。
年を重ねることで妖艶になり、眩《まばゆ》いほどの光を発する人がいる。
本物は続くのだ。
時間を重ねることで魅力を増していくのだ。

また、逆も真なり。
続けようとすることで本物になっていく。
勝つノウハウと勝ち続けるノウハウが違うように、
戦いながら成長し、本物になっていく。

万事、焦ることはない
ゆっくりやればいつか事は成る
（井上靖／小説家）

焦るとミスが増える。
二度手間になり、さらに時間を奪われる。
焦ったとき、ゆっくり動き出す癖をつけよう。
時計を見て、「やばい！　え、こんな時間!?」と思ったとき、
「待て待て待て。ゆっくり、ゆっくり、丁寧にいこう」って気持ちを落ち着ける。

焦っているときは、頭が熱くて心が冷めているとき。
一方、ベストパフォーマンスができるときは、頭が冷えていて心が温かいとき。
ゆっくり丁寧に動き出し、場が自分のものになり、
自分のリズムをとらえられたら、あとはこっちのものだ。
高いパフォーマンスを発揮し、遅れを取りもどせる。

アフリカのある部族のこんな話を聞いたことがある。
彼らが雨乞いのダンスを踊ると必ず雨が降るそうだ。
その秘技のカラクリを研究すると、こういうことがわかった。
彼らは「雨が降るまで踊る」ということだった。

# 賢い人とは、
# 多くのことを知る人ではなく、
# 大事なことを知る人である

（アイスキュロス／悲劇詩人）

多くのことを知ると「知識」が増える。
しかし、大事なことを知るためには「知識」よりも「知恵」が大切だ。

知っている知識を駆使し、物事を解決したり、よりよく改善したりするのが知恵だ。
目の前に事件が起きた。
何がどうなっているかと状況を知り、分析することが大切だ。
状況が把握できたら、いったい、これがどうなるといいのかゴールを設定しよう。

さあ、ここで知恵の出番だ。
何をどうすればこの状況が好転するのか？　より被害の少ないものとなるのか？
逆に、好機として、さらなる発展へ結びつけるにはどうすればいいのか？

「わかってるけどできないんです」は、
心が「愚かさ」と「怠惰さ」と「臆病」で侵された状態。
現実を受け入れる素直さ、状況を把握する勇気、
次へ展開していくゴール設定の心の明るさ、遂行していく聡明さを学び、
手に入れよう。

はじめることさえ忘れなければ、
人はいつまでも若くある

（マルティン・ブーバー／宗教哲学者・社会学者）

子供の頃、いくらたっても夏休みが終わらなかったのに、
大人になるとあっという間に季節が過ぎていく。
ボ～ッとしていると季節が2つほど過ぎていたりする。
なぜ、あの頃はあんなにゆっくりと時間が経過したのか？
子供の頃は、すべてが新しいことばかりだった。
自動ドアで2時間遊んでも飽きなかった。今はもう、自動ドアで楽しめない。

あ、だいたいわかった。
あ、それ、知っている。
そうなると時間は滑るように目の前を流れていく。
逆に、新しいことを体験するとき、
時間はゆっくりと経過し、心は新鮮な状態になる。

惰性のなかを生きるのではなく、新たなる新鮮な世界で生きたとき、人は輝くんだ！
いくつになっても、若葉マークをつけられる自分でいよう。
過去にうまくできたことばかりを選ぶと、あなたの未来は過去だ。
経験した過去と似たりよったりの未来を生きることになる。

# 人間は真理を発見するのではない
# 人間は真理を創造するのだ

（サン＝テグジュペリ／作家・操縦士）

僕たちは認識の世界に住んでいる。
認識される前からそのモノは存在しているが、
認識した瞬間、僕たちはそれを知る。
世には無数のものが認識されているが、無数のものが認識されていない。

ラグビーをやっていた人に出会うと、テレビでラグビー関連の番組を見る。
転職したいと願うと、転職雑誌があなた目がけて集まってくる。
イタリア旅行を企画すると、
あちこちからミラノやローマという文字が飛び込んでくる。
好きなミュージシャンの音楽があちこちから聴こえる。

脳は、想像したものを無限のピースから探り当て、認識により創造していく。
重力も、ヒッグス粒子も、重力波も、発見される前から存在し、
認識された瞬間から当たり前の存在となる。
物事を「認識」するために必要なのが「想像力」だ。
そして、想像されたものが、創造されていくのだ。

人は何を語るか、だけではなく
「何を語らないか」でも
判断される

（斎藤茂太／精神科医・随筆家）

「あ、知ってる。その話…」

「でもね、僕はこう思う！」

「違うよ！　実際は…」


あるとき、友達にこう言われた。

「全部のことで勝たなくっていいんだよ」と。

ドキッとした。恥ずかしかった。

知識をひけらかし、一瞬の自己満足に酔い、人の話の腰を折り、得意げに語っていた自分に落胆した。


会話のマナー、そこにいるみんなでつくり上げる総合芸術が「会話」だ。

インスタレーションでもあり、阿吽《あうん》の芸でもある。

話すときは輝いているが、誰かが話し出すと目のチカラが抜けてしまう人もいる。

それは癖だ、本人は気づけない。

語っていないときの目の妙も磨きたい。

# 地道な行動が、
# 最大の自己アピールになる

（樋口廣太郎／実業家・アサヒビール元社長）

「コツコツが勝つコツ」って言い続けてきた。
調子のいいとき、誰でもうまくいく。
調子の悪いとき、みんなうまくいかない。

だから、調子がよくも悪くもないときが大切だ。
誰もが歩いているときに、誰もが止まっているときに、
あなたは走ることができるだろうか？
差は「調子がよくも悪くもないとき」につく。
最大の結果は、そんなときに仕込まれている。

だからこそ…
あなたの生き方を誰かが査定するならば、
コツコツをムダなくやり続けるあなたを高く評価するだろう。

# 計画のない目標は、ただの願い事にすぎない

（サン＝テグジュペリ／作家・操縦士）

「やる気」と「本気」は違う。
「やる気」はただの興奮状態だけど、「本気」には数字と期限がある。
「やる気」の人は、興奮状態に酔う。その状態に「快楽」を得て達成感と混合する。
「本気」の人は、期限内にその数字を達成することで達成感が成就される。

達成には計画が必要だ。
心は熱いが、頭は冷めている。興奮すると頭まで熱くなってしまう。
よりハードな状況であればあるほど、狂気の中の静寂を保てるように努力したい。

計画とは「最小努力」で「最大効果」を生み、効率よく達成することの企てだ。
計画をしっかり立てることで、仕事量が少なくなる。
もしもその手がダメでも、この手がある。
この手がダメでも、あの手がある。
それがダメでも、奥の手がある…、と「もしも対策」をちゃんとしたいものだ。

# 時間の使い方は、そのままいのちの使い方になる

（渡辺和子／ノートルダム清心学園理事長『置かれた場所で咲きなさい』より）

収入が倍になったら、人生は変わるのか？

生活は変わるが、人生は変わらない。


しかし、時間を手に入れると瞬時に人生は変わる。

それはなぜ？

人生は時間でできているからだ。


「明日、お弁当をつくって海に行ってみるか？」

「どうしても見たかった映画があるんだ」

「あのお店のランチに行かない？」

たちまち毎日が新しい方向へ進みはじめる。


人生とは、命の体験した時間の記憶。

どんな人生を歩みたいか？

それは「どんな時間の使い方をしたらいいか」と同義だ。

# 試してみることに失敗はない

（デイル・ドーテン『仕事は楽しいかね？』より）

「よーし！　チャレンジするぞ！」
と飛び込む淵まで行くが、勇気が出ず、その場に座り込んでしまう。

何か新しいことをはじめるとき、チャレンジするとき、
「失敗するかも」と不安がつきまとうものだ。
勇気が持てなくて踏み出せないときは、軽い言葉に変えてみよう。

「これはチャレンジじゃなくて、お試しだ！　実験なんだ！」と。

たとえば、転職も起業も、恋愛も…まず、事を起こしてみよう。
実験するつもりで、行動に移してみよう。
そして、小さくはじめよう。
初期投資も、リスクも、固定費も小さく。在庫もオフィスも持たず。
そんなことができる時代に僕らは生きている。

# 祈りは神を変えず、祈る者を変える

（セーレン・キルケゴール／哲学者）

目標や夢は「未来を変える」ために持つのではなく、

「今を変える」ために持つ。

それを達成したい。あれを手に入れたい。

そう思うことで「今の自分では叶わない」ことに気づく。

「目標を達成する」こと以上に
「目標が達成できる自分になる」ことの方が意味と価値がある。
自分を変え、チャレンジをする。
それにより、目標が達成できたり、できなかったり…。
しかし、自分を変えれば人生が変わる。
今の自分を変化させることなく達成できる目標は、
目標自体を達成できても、人生は一向に変わらない。

「自分が自分に与えた影響以上に他人に影響を与えることはできない」

という言葉がある。

あなたがあなたに影響を与えることで、同時に他者に対する影響力も手に入れる。

さあ、今の自分を変えるために目標を、夢を持とう!

# それを行うための
# 最も効果的な方法は、
# それを行うことである

（アメリア・イアハート／女性初大西洋単独横断飛行士）

ピッ！　ピッ！　ピッ！
とあなたの意識にやってくるインスピレーション。
それをパッと行動に移すと物事はサクサクと進んで行く！！！

ピッときたらパッと行動！！！

これを「ピッパの法則」と言うようです。

さあ、紙とペンを用意して！
そして、やらないといけないことを3つ書き上げ、
そのうち1つを今すぐはじめよう。

GO！！！！！

# 巻末　特別コラム

## 山﨑拓巳から学ぶ「潜在意識」の使い方　序

仕事柄、たくさんの企業や、成功者というよりも、
成功し続けている人にお会いしてきました。

どこかに共通点がないかと、観察をし続けると、
1つの共通点にぶつかったのです。

それが、「潜在意識を使っている」ということでした。

今の状態、今のレベルから、自分が理想とする憧れる未来へ行こうとすると、
過去と同じ今を過ごしていたら、憧れる未来に行けません。
したがって、「変え続ける」「努力し続ける」がポイントなのですが、
努力とは苦しいものというイメージがすごくあります。

しかし、成功し続けている人は、どうも、
努力はしているが、苦しんでいるわけではないのです。

「やり続けることができた、すると、憧れの未来にたどり着いてしまった」

という、苦しいではなく、やれてしまったという感じなのです。

では、どうすると「努力感のない、努力」ができるのでしょうか？
それが、「潜在意識を使う」ことで、そのためには、いくつかのコツがあるようです。

いい企業、いい組織、
そして成功し続けている山﨑拓巳氏をはじめとする人たちは、
潜在意識を使うために、「いい言葉」をすごく意識しているようです。
目に入るところに「いい言葉」を置き、「いい言葉」を使うようにしているのです。

このコラムでは、
本書の名言を選定させていただいた経営コンサルタントの野田宜成が、
次頁以降で、「自分を変える」、「自分を変え続ける」方法を
山﨑氏の実例で紹介していきたいと思います。

山﨑拓巳から学ぶ「潜在意識」の使い方　その1

# 当たり前基準を変える

人には、「基準」がすべてにあるようです。

服を買う場合、3000円より下の服は購入したくないが、2万円以上は高すぎる。

この場合、この人の服を買う基準は、3000円から2万円ということになります。


これが、すべてにあるのです。仕事の基準、生活の基準、デートの基準などなど…。

仕事をたくさんやる会社は、「当たり前基準」が、たくさんやるということなので、それが当たり前になり、やってしまいます。

練習をさぼるのが当たり前のチームは、それが基準になります。


この当たり前基準を変えない限り、今の自分を変えられることはないのです。

山﨑拓巳氏は、当たり前基準を変えるために、3つのことをやり続けています。

・人と会う
・本を読む
・旅をする

これは、同じものではなく、たくさんすると、

今までの自分とは違う「ビックリ」に遭遇し、
それが、脳の当たり前を変えていくようです。
特に、自分の常識外のすごい人と会うと、「ビックリ」に遭遇し、
それを続けると、知らず知らずのうちに、自分の基準が上がるのです。
人と会うのは、簡単そうに感じますが、
今の自分と、考えが違ったり、基準が違うと、すごく疲れると思うのです。
それでも、彼は、あえて会うようです。

人に会うことは、その人の言葉と出会うということです。本を読むことも同じです。
本書でも多くの言葉と出会えたかと思います。
ぜひ、その出会いを大切にしてください。

「定期的に脳を書き換えるぐらい常識が違う人間と会うようにしているんだよね」
と、今までの自分の常識と違う考え方に触れ続けています。

自分の常識外に出会う。
これをするために、「人と会う」、「本を読む」、「旅をする」をし続けるのです。

山﨑拓巳から学ぶ「潜在意識」の使い方　その2

## 自分のメリットを相手のメリットに変える

潜在意識を意識をするのは、もちろん自分の潜在意識もですが、
相手の潜在意識をも、意識すると、劇的に周りとの人間関係が変わるようです。

それは、誰もが「自分が自分が」と思い、自分の意識を中心に考えているので、
人が、自分を受け入れてくれるかどうかがすごく重要なポイントになり、
潜在意識の部分で、この人は自分にとって味方か敵かを判断しているようです。

味方と思う瞬間は、「あー、自分のこと気にかけてくれている」となるのです。
だから、気にかけることができるかが、
相手の潜在意識を意識することになるのです。

山﨑拓巳氏は、潜在意識を意識するプロフェッショナルなので、
1つひとつの行動がすごく勉強になります。
私は、定期的に、彼の出張に同行させてもらいます。

そんなときに、移動中パソコンを取り出して、
メールやチャットをするのを「見ていていい？」とお願いして見せてもらいました。

もちろん、彼は、見ても大丈夫なものを選んで、見せてくれます。
彼のメールやチャットは、非常に、短文です。
しかし、書くときに、何度も書き直しています。
主に、語尾を書き直しています。

たとえば、はじめてお目にかかった人へのお礼メールで
「また会いましょう」ではなく、「また、会ってくださいね」と、書き直していました。

確かに、後者の方が優しい感じになります。
長い文章より、短い文章を回数重ねた方が印象に残る、
つまり潜在意識に残るので、理にもかなっています。

そして、メールでひと言でも、相手の関心事を書いています。
「犬の調子悪いと言ってたけど、その後どう?」とか、「お母さんは元気?」など。
会いたいという自分のメリットではなく、相手が会いたいと、
相手のメリットになるように、気にかけている点がすごく勉強になります。

山﨑拓巳から学ぶ「潜在意識」の使い方　その3

# あるかもねと、思い込む

人は、人を育てることができた瞬間に、次への成長ステップに上がるようです。
それは、自分と、相手の可能性を引き出すことであり、
それには、潜在意識が重要な役割を果たしています。
それは何か？

昔、銀座の有名なクラブのママさんに、いろいろ教えてもらったことがあります。

ママさんに「一流のホステスと二流のホステスの違いを教えてあげましょうか？」

と言われ、すごく興味があり、「教えてください！」と即答すると、

「三流のホステスは、グループで来られた中で、誰もお客様にできない人」

「二流のホステスは、グループ中で一番ではないが何とかお客様を獲得できる人」

「一流のホステスは、グループの中で、一番の人をお客様にできる人」と言われ、

「えっ！　それだけ？」と尋ねると、

「それだけのはずないじゃない。一流の上に、超一流がいるのよ」と言われ、

「超一流はね、今、何でもなくて将来すごくなる人を、今、お客様にする人なの」

「なるほど！　目利きですね」と答えると、

「違う。今、何でもなくて将来すごい人になる人は、誰にもわからない。

だから、超一流の人は、すべての人に、分け隔てなくまんべんなく、

お相手できる人なのよ」

はっ！　としました。
これは、部下であっても、仲間であっても、相手が、成長するのは、
こちらが、「あるかもね」と思うことが大切なのです。
「成長するかな？　しないな」ではなく、「成長するかもね」。
「出世するかな？　しないな」ではなく、「出世するかもね」。

山﨑拓巳氏も、
たくさんの人にまんべんなく、接し、その理由を、
「その人がすごい人になるかどうかは、僕なんかにはわからないよ。
この人もすごい人になりそうだな、っていつも思っているよ」と言います。

「あるかもね」が、自分自身の潜在意識をそう思わせ、
それが、自信がなかった相手だとしても、相手自身にも「あるかもね」が伝播し、
成長軌道に乗るのではないかと思うのです。
「あるかもね」が、自分や、相手の潜在意識をいいほうに変えるのです。

# おわりに

野田ッチとの出会いは、
僕が39歳、野田ッチが38歳のときでした。

意気投合し、何度もセミナーや旅行を重ねました。
野田ッチが語る「世の中」「未来」「経済」「人生」などから、
たくさんの学び、ヒラメキとキラメキを、今もいただいています。

世にはたくさんの「素晴らしい言葉」があり、
素晴らしい言葉には妖精が棲んでいるとも表現されます。
野田ッチがメールマガジンで配信する言葉からは、
そんな、妖精に出会ったような、
目が覚める思いをいただきます。

自分の人生は自分の思考によりカタチづくられていると思います。
主に言語によって思考は進められます。
だから、自分が心のなかで使う言語に影響を与えると思考は変わります。

心の言語に影響を与える簡単な方法は、
心躍る名言に触れることだと思います。
「こんな言葉があるらしいよ」と仲間とシェアすることで、
認識を共有することとなり集団の思考レベルも向上します。

最後に、
この本ができるきっかけのメルマガを配信してくれて、
本書の名言選定をしてくれた野田ッチに、
心から、御礼申し上げます。

この本が多くの人の役に立つことを願って…。

山﨑拓巳

**野田宣成（のだ　よしなり）［名言選定］**

1966年生まれ。経営コンサルタント。今までに9000人以上の経営者、500社以上の企業に携わる。
神奈川大学機械工学科卒業後、日産車体（株）入社。同社にて生産開発、継続した品質向上、生産効率の改善に従事。1999年、（株）船井総合研究所入社。チームリーダーとして数々のコンサルティング業務で実績をあげた。2005年1月に船井総研ロジ（株）物販事業企画室長、その後、（株）まぐまぐ事業開発室長を務めたのち、独立。自らが代表取締役を務める経営コンサルティング会社（株）ビジネスミートを立ち上げる。"継続"経営をテーマに経営指導を実践。今回の名言の出所である、「はっとする名言」を、毎日発信中。

今回の名言の出所「はっとする名言」が読める、
メルマガ登録はこちらに空メール送信
≫ mm-noda7-1@jcity.com

QRコードでのご登録はこちら

山﨑拓巳（やまざき　たくみ）

1965年三重県生まれ。広島大学教育学部中退。20歳で独立起業。多岐にわたりビジネスを展開する。作家。講演活動は、「凄いことはアッサリ起きる」‐夢‐実現プロデューサーとして、メンタルマネジメント、コミュニケーション術、リーダーシップ論など多ジャンルにわたり行なっている。
代表著書に、『やる気のスイッチ！』『人生のプロジェクト』『気くばりのツボ』（以上、サンクチュアリ出版）などがあり、現在までに32冊の本を出版、累計120万部のベストセラー作家。

自分《じぶん》を変《か》える言葉《ことば》

2016年7月1日　　初版発行

著　者　山﨑拓巳

発行者　吉田啓二

発行所　株式会社 日本実業出版社　東京都文京区本郷3－2－12　〒113-0033
大阪市北区西天満6－8－1　〒530-0047
編集部　☎03-3814-5651
営業部　☎03-3814-5161　振　替　00170－1－25349
http://www.njg.co.jp/

印刷／厚徳社　　製本／若林製本

この本の内容についてのお問合せは、書面かFAX（03－3818－2723）にてお願い致します。
落丁・乱丁本は、送料小社負担にて、お取り替え致します。

ISBN 978-4-534-05399-2　Printed in JAPAN

## 日本実業出版社の本

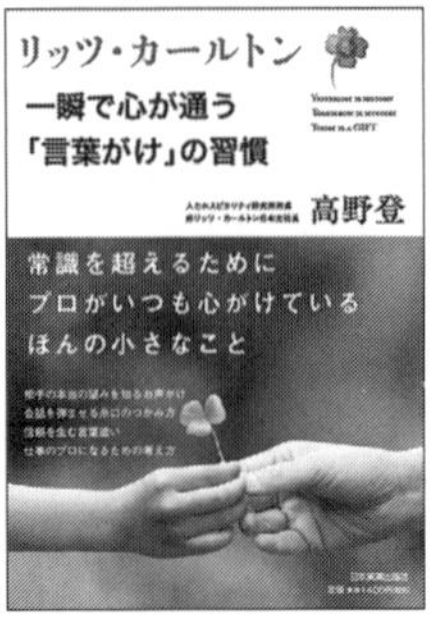


# リッツ・カールトン 一瞬で心が通う「言葉がけ」の習慣

**高野登 著**
**定価本体 1400 円（税別）**

感動を呼ぶコミュニケーションはたった一言から生まれる！　本書は、リッツ・カールトンホテルの「小さくても、感動を創る」ヒントを紹介。お客様の本当の望みを知る方法、職人さんも微笑むほめ方、会話の糸口のつかみ方などプロの技が満載です。

# 君を成長させる言葉

**酒井穣 著**
**定価本体 1200 円（税別）**

「昨日の背伸びは今日のあたりまえ」「誰と付き合うかで自分の成長は決まる」「誰かにほめられるために生きるな」……。偉大な先輩たちが残した 88 の名言とともに、酒井穣が仕事と人生について、熱く語り尽くす。この言葉が、ひたむきに働く君の武器になる！

# ソクラテスに聞いてみた

**藤田大雪 著**
**定価本体 1400 円（税別）**

「考えること」の重要性を最初に説いた哲学者ソクラテス。鋭い質問を投げかけ、「本当の考え」を引き出していく問答法を通して、「このままでいいのか」と感じている若者が抱く「仕事」「お金」「友達」「恋愛」「結婚」という 5 つの悩みを解決していく。

定価変更の場合はご了承ください。